EPISTOLA

PERILLUSTRIS VIRI

NICOLAI BOILEAU
DESPREAUX,

AD CLARISSIMUM D.D.

DE LAMOIGNON,

CAUSARUM REGIARUM

ANTEHAC

IN SENATU PARISIENSI

PATRONUM,

NUNC PRÆSIDEM INFULATUM,

E GALLICIS METRIS

IN LATINA CONVERSA.

PARISIIS,

Apud JACOBUM QUILLAU, Typ. Jur. Lib.
Univ. in viâ, vulgò dictâ *Galande.*

MDCCVII.

CUM PERMISSU.

EPITRE
A MONSIEUR
DE LAMOIGNON
CI-DEVANT
AVOCAT GENERAL.
A PRESENT
PRESIDENT A MORTIER.

OUI, Lamoignon, je fuis les chagrins de la Ville,

Et contre eux la campagne est mon unique azile.

Du Lieu qui m'y retient veux-tu voir le tableau ?

C'est un petit Village *, ou plûtôt un Hameau

Bâti sur le penchant d'un long rang de collines,

D'où l'œil s'égare au loin dans les plaines voisines.

La Seine au pied des Monts que son flot vient laver,

Voit du sein de ses eaux vingt Isles s'élever,

* Haut'Isle proche la Roche-Guion.

EPISTOLA

PERILLUSTRIS VIRI
NICOLAI BOILEAU DESPREAUX,

AD CLARISSIMUM
D. D. DE LAMOIGNON,

CAUSARUM REGIARUM ANTEHAC
IN SENATU PARISIENSI PATRONUM
NUNC PRÆSIDEM INFULATUM,
è Gallicis metris in Latina
CONVERSA.

Sic est, LAMONIDE, procul urbibus, abditus agro,
Curarum expertem videor mihi vivere vitam.
Angulus hic unus contrà aspera cuncta tuetur.
Vin' tibi dilectam sedem, mea regna, fideli
Carmine describam ? Vati labor ille voluptas.
Plurimus attollit juga se per mollia collis,
Immensum, undè patet latè prospectus in æquor,
Ambitiosus ubi puro torrente superbit

Qui partageant son cours en diverses manieres,
D'une riviere seule, y forment vingt rivieres.
Tous ses bords sont couverts de saules non plantés,
Et de noyers souvent du passant insultés.
Le Village au dessus forme un amphitheâtre.
L'habitant ne connoît ni la chaux, ni le plâtre,
Et dans le roc qui cede & se coupe aisément,
Chacun sçait de sa main creuser son logement.
La maison du Seigneur seule un peu plus ornée,
Se presente au dehors de murs environnée.
Le Soleil en naissant la regarde d'abord:
Et le mont la défend des outrages du Nord.

C'est-là, cher Lamoignon, que mon esprit tranquille
Met à profit les jours que la Parque me file.
Ici dans un vallon bornant tous mes desirs,
J'achete à peu de frais de solides plaisirs.
Tantôt un livre en main errant dans les préries
J'occupe ma raison d'utiles rêveries.
Tantôt cherchant la fin d'un vers que je construi,
Je trouve au coin d'un bois le mot qui m'avoit fui.
Quelquefois aux appas d'un hameçon perfide,
J'amorce en badinant le poisson trop avide;

Sequana, rura secans, & per discrimina centum
Sectus agris, unus centum tibi flumina reddit.
Non tot Carpathio Sporades se gurgite tollunt,
Quot pater è medio miratur surgere fluctu
Cycladas, undè loco nomen fecere coloni.
Multa salix ripas circum & nux plurima vestit
Sponte solo natæ, quas prætereundo viator
Assiduè vexare solet saxóque manúque.
Imminet his scopulo pendens, formámque theatri
Arduus ostentans vicus. Non ulla redemtor
Hùc cæmenta vehit; scissâ sibi quisque penates
Incola rupe secat, sed enim hîc sunt mollia saxa.
Paulò splendidior domus eminet una Dynastæ
Muro cincta, rubetque orientis lumine Phœbi,
Mons & obest sævâ ne quid lædatur ab Arcto.

Hîc ego, LAMONIDE, liber, parvóque beatus,
Quot mihi Parcarum decurrunt pollice soles
Apponens lucro, campis modo solus oberro
Irriguis, libro intentus; modo mente volutans,
Quod queat ad vitam compendia ferre beatam,
Sedulus utilium provisor obambulo. Sæpe
Difficiles versus cudens sudante Minervâ,
Quod dudum vano conamine persequor, ecce
Apprendo eluctans nemorosa per avia verbum.
Interdúmque hamo pisces captator inescans,

Ou d'un plomb qui suit l'œil, & part avec l'éclair

Je vais faire la guerre aux habitans de l'air.

Une table au retour propre & non magnifique,

Nous presente un repas agreable & rustique.

Là, sans s'assujettir aux dogmes du Broussain

Tout ce qu'on boit est bon, tout ce qu'on mange est sain.

La maison le fournit, la fermiere l'ordonne,

Et mieux que Bergerat * l'appetit l'assaizonne.

O fortuné sejour! ô champs aimés des Cieux!

Que pour jamais foulant vos prés delicieux,

Ne puis-je ici fixer ma course vagabonde,

Et connu de vous seuls oublier tout le monde!

Mais à peine du sein de vos vallons-cheris,

Arraché malgré moi, je rentre dans Paris,

  * Fameux Traiteur.

Perfidus ingluviem fallo. Dein bella per auras
Sulphuris incensi auxilio plumboque volante
Indicens avibus, dum plaudunt nube sub altâ
Aëra mulcentes cantu, certo eminus ictu
Dejicio. Miscere juvat sic seria ludo.

Accipit hinc reducem non divite mensa paratu,
Sed quam munditie commendat honesta nitentem
Simplicitas. Dapibus quas villica struxit inemtis
Condivitque fames, stomachôque obsonia fecit,
Bergerato melior, cum paucis vescor amicis.
Nulla hîc Brussani curamus dogmata, sanis
Quando nihil sanum non est. Sine fraude Lyæus
Innocuas inter bibitur lætissimus escas.

O fortunati colles! ô dulcia rura!
O molles umbræ nemorum! Diis ô! domus ipsis
Digna coli. O utinam tot conflictata procellis
Vita mihi, hoc placido possit consistere portu;
Et quod fata dabunt ævi superesse fugacis,
Exigere insani citra commercia mundi;
Hoc lare solus agens, vel roscida rura pererrans
Tunc unus superûm factus mortalia temnam.

Ast ubi fumosam sors aspera cogit in urbem
E vestro migrare sinu, vos florea rura
Deserere: Actutùm me mille negotia circum
Insiliunt, sævo circumsonat unda tumultu.
Hîc consanguineo sese malè foedere jactans

Qu'en tous lieux les chagrins m'attendent au passage

Un Cousin abusant d'un fâcheux parentage,

Veut qu'encor tout poudreux, & sans me débotter,

Chés vingt Juges pour lui j'aille solliciter.

Il faut voir de ce pas les plus considerables.

L'un demeure au Marais, & l'autre aux Incurables.

Je reçois vingt avis qui me glacent d'éfroi.

Hier, dit-on, de vous on parla chés le Roi,

Et d'attentat horrible on traita la Satire.

Et le Roi, que dit-il? Le Roi se prit à rire.

Contre vos derniers vers on est fort en couroux.

Pradon a mis au jour un livre contre vous,

Et chés le chapelier du coin de nôtre place

A l'entour d'un castor j'en ai leu la préface.

L'autre jour sur un mot la Cour vous condamna.

Le bruit court qu'avant-hier on vous assassina.

Urget atrox & adhuc coopertum pulvere sævus
Vellicat, ut litem dubio quam jure tuetur
Persequar adjunctus tutor: sequor usque trahente
[Nec mora, nec requies] ocreatus. Eo duce lustr
Purpureos proceres quotquot subsellia jactant
Egregios. Hic trans extrema suburbia longè
Insanabilium attingit vicinior ædes;
Visendus *Templi* conterminus *ille paludi.*
Mille mihi intereà totâ narrantur ab urbe
Tristia certatim de me, queis frigidus horror
Injicitur, gelidúsque coït formidine sanguis.
Multus apud Regem de te fuit, ô bone sermo;
Et satyram culeo dixerunt & cruce dignam.
Quid super his, LODOIX, aio? Rex optimus or
Subrisit placido tacitus. Tibi dira minantur
Omnia, quos nuper, censor licet æquus, inustos
Carmine lusisti; princeps, hos totus amaro
Felle tumens Prado exstimulat: sed & ipse volun
In te tartareum scripsit: convicia legi
Queis operi proludit atrox: ea nempè notavi
Multus ubi prostat venalis pileus, uni
Eximio magnâ thecam circundare chartâ.
Unâ voce super, crimen tibi plurimus aulæ
Assecla impegit nuper. Te cominus ense
Transfixum, totam modo jactat fama per urbei

Un écrit scandaleux sous vôtre nom se donne.

D'un Pasquin qu'on a fait au Louvre on vous soupçonne.

Moi ? Vous. On nous l'a dit dans le Palais Roial.

Douze ans sont écoulés, depuis le jour fatal,

Qu'un Libraire imprimant les essais de ma plume,

Donna pour mon malheur un trop heureux volume.

Toûjours depuis ce tems en proie aux sots discours

Contre eux la verité m'est un foible secours.

Vient-il de la Province une satire fade,

D'un Plaisant du païs insipide boutade ?

Pour la faire courir on dit qu'elle est de moi :

Et le sot Campagnard le croit de bonne foi.

J'ai beau prendre à témoin & la Cour & la Ville.

Non à d'autres, dit-il, on connoît vôtre stile.

Combien de tems ces vers vous ont-ils bien coûté ?

Ils ne sont point de moi, Monsieur, en verité.

Peut-on m'attribuer ces sottises étranges ?

Ah ! Monsieur, vos mépris vous servent de loüanges.

Diditur in vulgus famosum Epigramma Bolæi
Nomine. Suspicio Luparâ versatur in altâ
Scommate ferventem te conscripsisse libellum.
Min' tu tale nefas? prorsus tibi; tota PHILIPPI
Atria non vano hoc de te rumore volutant.
Jam bis sex fatis abiere volentibus anni,
(Hei mihi) cum famâ nimium felice volumen
Exiit, evulgans rudioris Carmina Musæ,
Inde mihi clades fluxit, quam avertere veri
Nec vis ulla, tenor nec vitæ candidus usquam
Evaluit. Plebi insulsæ sum fabula factus.
Ecce tibi satyram stulto temerarius ausu
Edidit in lucem nullo sale scurra, facetum
Quem sua garrulitas & cœca libido jocandi
Clarat apud fatuos ruris genialis alumnos:
Illa meâ, ut placeat, jactatur cusa Minervâ,
Réque meam verâ, provincia credit ineptè,
Nec prodest testes urbémque aulámque vocare.
Nugæ, aiunt, sed enim tua cognita forma canendi.
Quot tua Musa dies dedit huic operosa labori?
Frigida nemo meæ sapiens deliria Musæ
Objectare ausit. Quò te mage deprimis, hoc te
Laude magis cumulas, tibi probrum cedit honori.

Sic ego, sic curis quas undique conflat in urbe
Sors inimica mihi, malè tortus & usque cruentâ

Ainsi de cent chagrins dans Paris accablé,
Juge, si toûjours triste, interrompu, troublé,
LAMOIGNON, j'ai le tems de courtiser les Muses.
Le monde cependant se rit de mes excuses,
Croit que pour m'inspirer sur chaque évenement
Apollon doit venir au premier mandement.
Un bruit court que le Roi va tout reduire en poudre;
Et dans Valencienne est entré comme un foudre:
Que Cambrai des François l'épouvantable écueil,
A veu tomber enfin ses murs & son orgueil;
Que devant Saint-Omer Nassau par sa défaite
De Philippe vainqueur rend la gloire complete.
Dieu sçait, comme les vers chez vous s'en vont couler:
Dit d'abord un Ami qui veut me cageoler,
Et dans ce tems guerrier, & fecond en Achilles
Croit que l'on fait les vers, comme l'on prend les Villes.
Mais moi dont le genie est mort en ce moment,
Je ne sçais que répondre à ce vain compliment,
Et justement confus de mon peu d'abondance,
Je me fais un chagrin du bon-heur de la France.

Anxietate lacer, nec dulcibus otia Musis
Fallere, nec doctas possum prensare sorores.
At mihi, LAMONIDE, veniæ tamen inde mereri
Nil queo, nec vulgi injustas compescere voces.
Nempè simul nostras res prospera fata secundant,
Sponte mihi Aonios tunc se recludere Fontes
Ilicet & Phœbum credunt ad jussa venire.

En LODOIX, famæ si credimus, omnia ferro
Vindice disturbare parat: jam fulminis instar
Ecce Valencennas irrupit victor in arces;
Et quondam Hectoreæ scopulúsque & dedecus aulæ
Cameracum, fastus dediscere cœpit Iberos,
Ex quo æquata solo tot propugnacula cernit,
Et stupet invicto vallatas aggere turres,
Victoris nutu ingenti cecidisse ruinâ.
Dicitur & cœsas ferro stravisse phalanges
Nassavii, Audomarúmque novo clarasse trophæo
Aurelius. Proh quanta seges se vatibus offert!
Quam pleno fluet Aonius tibi flumine torrens.
His mihi blanditiis malè palpum obtrudit amicus,
Hácque ætate putat tot fœtâ Heroibus, arte
Carmina sic fingi, bello expugnantur ut urbes.
Insolito mihi tunc arescere vena stupore
Et nescire pari par deinde referre jocanti

Qu'heureux est le Mortel qui du monde ignoré,

Vit content de soi-même en un coin retiré !

Que l'amour de ce rien qu'on nomme renommée,

N'a jamais enyvré d'une vaine fumée.

Qui de sa liberté forme tout son plaisir,

Et ne rend qu'à lui seul conte de son loisir.

Il n'a point à souffrir d'affronts ni d'injustices,

Et du peuple inconstant il brave les caprices.

Mais nous autres faiseurs de livres & d'écrits,

Sur les bords du Permesse aux loüanges nouris,

Nous ne sçaurions briser nos fers, & nos entraves,

Du Lecteur dedaigneux honorables esclaves.

Du rang ou nôtre esprit une fois s'est fait voir,

Sans un fâcheux éclat, nous ne sçaurions déchoir.

Le Public enrichi du tribut de nos veilles

Croit qu'on doit ajoûter merveilles sur merveilles.

Au comble parvenus il veut que nous croissions ;

Il veut en vieillissant que nous rajeunissions :

Sic linguæ, sic vocis inops, tibi Gallia, stultus
Invideo partos ex omni gente triumphos.

   Felix ô! nimium felix vitare malignos
Qui cœtus hominum potuit; quem forte beatum
Exiguâ procul à vulgo tegit angulus; aura
Quem non afflavit transversum vana fugacis
Gloriolæ; soli sibi vivere lætus, & otî
Dividere arbitrio dulces inglorius horas,
Ille nihil fatuæ plebis ludibria curat,
Judiciúmve horret, plausus aut ambit inanes.
At nos nos miseri vates, Permesside lymphâ
Pectora queis jam dudum, & laudibus ebria fervent,
Nobile servitium & fastus tolerare malignos
Assueti, simul *ut* collum præbere capistro
Cœpimus, haud ullâ nos eximere arte valemus.
Quò semel ingenio clari pervenimus, inde
Non nisi funestâ latéque sonante ruinâ
Excidimus, ridet vulgus superâ arce cadentes:
Et quos tot docto sudati marte labores
Ditârunt, nostri tædet nisi mira subinde
Edamus. Quatit assiduo nos fulmine censor.
Attigimus postquam summum, contendere pennis
Nos premit ulterius plebs putida; sontica nec nos
Solvere causa potest; revirescere Musa jubetur
Nix postquam capiti accessit, virésque solutæ:

Cependant tout décroît, & moi-même à qui l'âge

D'aucune ride encor n'a flétri le visage,

Déja moins plein de feu, pour animer ma voix,

J'ai besoin du silence & de l'ombre des bois.

Ma Muse qui se plaît dans leurs routes perduës

Ne sçauroit plus marcher sur le pavé des ruës.

Ce n'est que dans ces bois propres à m'exciter,

Qu'Appollon quelquefois daigne encor m'écouter.

Ne demande donc plus, par quelle humeur sauvage

Tout l'Esté loin de toi demeurant au village

J'y passe obstinément les ardeurs du Lion,

Et montre pour Paris si peu de passion.

C'est à toi, LAMOIGNON, que le rang, la naissance,

Le merite éclatant, & la haute éloquence

Appellent dans Paris aux sublimes emplois,

Qu'il sied bien d'y veiller pour le maintien des lois.

Tempore decrescunt tamen omnia, mî quoque sulcis
Cui faciem nondum rugavit foeda senectus,
Phœbæâ fervere minus præcordia flammâ
Experior; nec jam molli nisi stratus in umbrâ
Altorum nemorum, cum sola immurmurat aura,
Sentio vocalem per amica silentia Musam.
Namque per occultas, quâ rara est semita, sylvas
Quando errare animum tangit nunc una voluptas,
Jam nequeo populo tritos insistere calles.
Vos mihi, vos, inquam, sylvæ saltúsque profundi,
Vos modò præsentem datis in nova carmina Phœ-
 bum.
Villula cui cordi est, huic magna Lutetia sordet.

 Ergo LAMONIDE, fuge quærere cur mihi tota
Æstas, urbe procul, procul & te, dulcis amice,
Irriguos inter lucos exacta, furentis
Lenierit rabiem Canis & momenta Leonis.

 At te LAMONIDE, heroum cui sanguine ducta
Nobilitas, stimulos titulis potioribus addit;
Cui largè exundans & pleno dives ab alveo
Vis salit eloquii mentes evincere certa,
Purpura cui virtúsque novos circumafflat honores;
Te Te, inquam, decet in medio dare jura Senatu,
Te pleno regnare foro, legesque tueri,
Patria te poscit totum, Themidisque tribunal,

Tu dois là tous tes soins au bien de ta patrie.

Tu ne t'en peux bannir que l'Orphelin ne crie,

Que l'Oppresseur ne montre un front audacieux,

Et Thémis pour voir clair a besoin de tes yeux.

Mais pour moi de Paris citoien inhabile,

Qui ne lui puis fournir qu'un rêveur inutile.

Il me faut du repos, des prés, & des forêts.

Laisse-moi donc ici, sous leurs ombrages frais,

Attendre que Septembre ait ramené l'Automne,

Et que Cerés contente ait fait place à Pomone.

Quand Bacchus comblera de ses nouveaux bienfaits

Le Vendangeur ravi de ploier sous le faix,

Aussi-tôt ton Ami redoutant moins la ville,

T'ira joindre à Paris, pour s'enfuir à Baville.

Là, dans le seul loisir que Thémis t'a laissé ;

Tu me verras souvent à te suivre empressé,

Pour monter à cheval rappellant mon audace,

Apprenti Cavalier galoper sur ta trace.

Te cives Patrem, puerique parentibus orbi
Ultorem appellant, & quæ te judice dudum
Ad *Styga* defcendit fcelerata libido nocendi,
Non prius abfentem reginâ fentiet urbe,
Quam caput attollet, virefque repente refumet :
Nec potis ipfa Themis, nifi te duce cernere rectum,
Aft ego quid vates, quid civis inutilis urbi,
Quid conferre queo nugis & Apolline plenus ?
Me faltus, me prata, levi me lympha fufurro
Affultans, rapit illecebris ; fine ftratus in umbra
Ducam follicitæ jucunda oblivia vitæ,
Afpirent donec Septembres mollius auræ,
Et Cereri, lætis gaudens Pomona viretis
Succedat. Tunc cum maturæ vinitor uvæ
Exultans canet injufto fub fafce Lyæum ;
Tempore non alio cives, urbémque revifam,
Indè Bavillæum duce te fugiturus in agrum :
Tandem lætus ibi, grata ocia quæ femel annus
Pomifer indulget feffo, tecum, optime, captans ;
Sæpè alacer tua pone legens veftigia, quamvis
Flectere quadrupedem frænis indoctus, amico

Tantôt sur l'herbe assis au pied de ces côteaux,

Où Polycrene * *épand ses liberales eaux,*

LAMOIGNON, *nous irons libres d'inquietude*

Discourir des vertus dont tu fais ton étude :

Chercher quels sont les biens veritables & faux :

Si l'honnête homme en soi doit souffrir des défaux ;

Quel chemin le plus droit à la gloire nous guide,

Où la vaste science, ou la vertu solide.

C'est ainsi que chés Toi tu sçauras m'attacher.

Heureux ! si les Facheux promts à nous y chercher

N'y viennent point semer l'ennuieuse tristesse.

Car dans ce grand concours d'hommes de toute espece,

Que sans cesse à Baville attire le devoir ;

Au lieu de quatre Amis qu'on attendoit le soir,

* Fontaine à une demi-lieue de Baville, ainsi nommée par feu Monsieur le Premier Président de Lamoignon.

Ante equitante tamen greſſus glomerabo citatos:
Nunc ambo vacui curis in gramine molli,
Purus ubi leni per valles murmure ſerpens
Exultat rivus, quem dives aquis Polycrene
Fonte creat, lætoſque uberrima fundit in agros,
Quæ natura boni, quæ recti ſemita, virtus
Vera quibus ſe præſidiis ſuſtentet [id unum
Quando animo curæ eſt] quáve arte paretur, agemus;
Moribus innocuis utrum ſanctóque tenore,
Immortale decus famæ quæratur, an alti
Dotibus ingenii, cui fontibus hauſtus ab ipſis
Doctrinæ lepor acceſſit veríque peritus:
Vir probus an cunctas vitiorum exſcindere fibras
Debeat atque omnes omnino abſtergere nævos.
His me, LAMONIDE, ſtudiis tecum uſque tenebis
Rure Bavillæo. Felix, niſi turba repentè
Importuna virûm, ſtrepitu temerè omnia miſcens,
Ad triſtes nugas abducat & otia turbet.
Scilicet innumeros inter quos undique clarum
LAMONIDÆ nomen, terris & dédita fama
Hùc ciet, interdum ſerò expectantur amici

Quelquefois de Facheux arrivent trois volées

Qui du parc à l'inftant affiegent les allées.

Alors fauve qui peut, & quatre fois heureux !

Qui fçait pour s'échapper quelque antre ignoré d'eux.

Quatuor ad summum, triplici cum se agmine fundit
Irrumpitque cohors, cultu officiosa molesto.
Heu fuge ! Ter felix si se spelunca Tibi offert
Devia, quò nequeant Te vestigare latentem.

M. G.

PERMIS d'imprimer, ce septiéme Novembre 1706.

M. R. DE VOYER D'ARGENSON.

www.ingramcontent.com/pod-product-compliance
Lightning Source LLC
Chambersburg PA
CBHW070454080426
42451CB00025B/2732